AF599819

JAVIER OLALDE

INSTINTO DE BRÚJULA

JAVIER OLALDE

INSTINTO DE BRÚJULA

HUERGA & FIERRO editores

Diseño de Colección: Huerga y Fierro

Primera edición: 2024

C/Sebastián Herrera, 9
28012 Madrid-España
Telf.: 91 467 63 61
www.huergayfierro.com
huerga@huergayfierro.com

I.S.B.N.: 978-84-128849-7-5
Depósito Legal: M-14121-2024
Impreso en Romadac Industria del Libro
Impreso en España/Printed and made in Spain

El país de mi infancia vive en mi interior con una primacía que es una forma de amor. [...] Ese país solo me ha dado el mundo, pero eso me basta.

Eva Hoffman

INSTINTO DE BRÚJULA

Al norte,
siempre al norte.
Mi sentimiento, al norte.

Confieso una certeza de agujas imantadas,
un instinto de brújula,
una tensión de flecha
que sobrevuela el grave paisaje mesetario,
al norte,
siempre al norte de este lugar que habito.

Mi convicción, al norte.
Soy culpable de norte.

País de lluvia

PAÍS DE LLUVIA

Nací donde la lluvia,
en un país de lluvia
que ocupa mansamente mi memoria,
aunque la lluvia a veces llegue a turbar mis ojos,
absorto en el paisaje verdegrís
siempre mío.

Extramuros, sucedo
mientras tanto, soy uno
cualquiera en cualquier parte
ocupado en vivirse hasta la muerte, solo
uno más,
entrañado en mi país de lluvia.

EN LA ESQUINA

1

Lo mejor de esta lluvia
es que sigo esperando
todavía
bajo el voladizo del balcón,
en la esquina de una plaza de Oviedo,
cuando el Naranco, al fondo
de la mañana y de la lluvia,
solo es una ladera anubada e incierta.

Y yo no pienso entonces
que en Madrid ahora llueve
y soy esta memoria,
mientras sigo en la esquina de la plaza
esperando a la anacrónica *Cirila*,
el senil y decrépito autobús del colegio.

2

Aún regreso a lugares
donde todo es ausencia
para encontrar la esquina
aquella de la plaza,
cuando es siempre la lluvia
y espero,

cuando nadie es filósofo
y el tiempo es un futuro
hermético y distante,
cuando no me conoces
y espero
cobijado en la esquina,

cuando es ausencia todo
—el invierno, la plaza,
las gotas porfiando—
y espero
en la mañana ausente
sin saberme de vuelta.

OVIEDO / UVIÉU

1

Si la infancia es la patria,
yo fui niño en Oviedo.

2

Cuánto Oviedo hay en mí,
cuánto destiempo.

Soy un cadáver memorioso
paseando por Uría.

3

Mi madre murió en Madrid
pero murió en Oviedo.

Sigo el mismo camino.

Ciudad de ausencias

Regreso a una ciudad donde no existo,
donde está ausente todo cuanto fuera
presencia entonces, sobre aquellas calles [...].
J. O.

SAN TIRSO EL REAL

Te encuentro siempre
detrás de esa mirada
que sonríe
sobre el rubor de un rostro
vuelto a medias
entre la luz sombreada de los bancos
y el olor adensado del templo
detenido
en su lugar de piedra y de plegaria
cuando el tiempo a desmano de aquel día.

Oviedo, mientras tanto, aguarda fuera.

AUNQUE NO LLUEVA

Aunque no llueva,
hay un trazo de lluvia en las imágenes
borrosas e imprecisas
donde te encuentro siempre
y con las que regreso a un templo y una plaza,
y a una ciudad cuando el otoño empieza,
y a aquel momento en el que fuimos
los dos extremos de una mirada convergente,
una mirada que confluía en nuestros rostros,
ahora indistinguibles
en la tenue secuencia que la memoria guarda.

No llovía,
pero se apunta una expresión de lluvia
en aquella mañana de ese Oviedo.

LA TARDE DE AQUEL DÍA

Recuérdame la tarde de aquel día,
como si fuese nuestro aquel derroche del viento
y las banderas tremolando.

Y Oviedo se fundía con nosotros
extendiendo las calles y las plazas
a nuestros pies,
alzando las estatuas y los templos
para no distraer aquel enredo de miradas
y silencios turbados
y palabras confusas,
acotándonos un espacio y un tiempo
nuestros para siempre.

La tarde de aquel día,
cuando me pareciste tan hermosa.

PASEO DEL BOMBÉ

Cuando quiere el recuerdo
eres la lluvia del Campo San Francisco
y yo guarecido en el Bombé
contemplando la soledad del paseo y esperándote.

Una vez más, después de junio
los días están amaneciendo en julio y cuesta
recordar la lluvia.

Aquella tarde, al final, no vendrías.

CIEGAMENTE

Aunque hermosa, tu cara
se fue deshabitando,
emborronándose,
diluyendo.

Mas no olvido,
guardo la desmemoria de tu rostro.

Ciegamente.

PLAZA DE LA CATEDRAL

Tú, yo y la estatua.

Había oscurecido
y andaba fría la noche
por la plaza desierta.

Quietos los tres
al borde de la plaza.

La catedral
hilvanaba tinieblas
con la aguja.

Tú y yo en amores,
la estatua en alto.

El amor mudaría.

La estatua, sin nosotros,
pétrea,
frente a la plaza.

COLEGIO FRUELA

Te recuerdo.

Y tú, donde te encuentres,
nada sabes de ese momento tuyo
que percibo en esta hora del sábado
cuando cierro los ojos
y escucho el insistente sonido de la calle,
mientras regreso a aquel pupitre
y al mirador de la sala de estudio,
y te veo llegando por la acera,
y el mundo entonces es un lugar bien hecho.

Todo, después, acaba diluyéndose
y el mundo
vuelve a ser el sonido de este sábado
y la invariable ausencia donde te hallas.

Cimadevilla ahora
es una calle antigua,
solo eso.

EL DÍA QUE OVIEDO SE LLENÓ DE AUSENCIA

1

Mientras el tren viajaba
por la noche,
llovían las Perseidas.

En Oviedo llovía
únicamente.

2

El día que Oviedo se llenó de ausencia
te buscaba y llovía
innecesariamente, pienso,
redundantemente,
ya era bastante triste con no hallarte.

Una ausencia mojada
que cubría las calles y los muros
desposeyéndome,
desarraigándome.
Había prescrito el tiempo y el espacio
que fuéramos.

Oviedo era una ausencia
calle a calle,
plaza a plaza,
paso a paso.

Sobreviviéndome,
recorro una ciudad donde no existo.

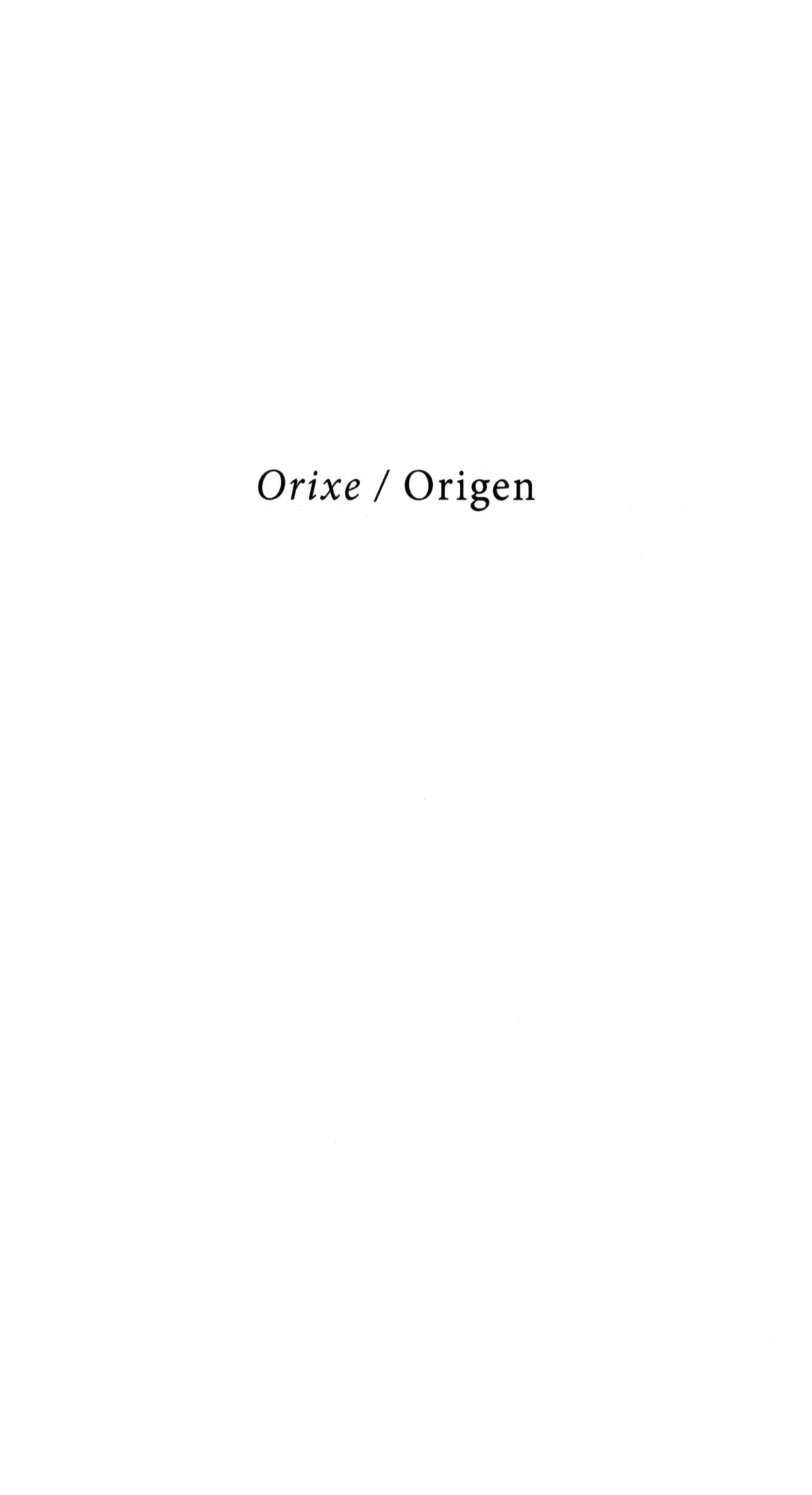

Orixe / Origen

CENCIELLAMENTE

Quiérote, Asturies,
cenciellamente,
ensin creyete única
nin vocinglar l'arguyu,
ensin esparabanes,
afitada nel fondu
dafechu,
adientro siempre.

[1969]

SENCILLAMENTE

Te quiero, Asturias,
sencillamente,
sin creerte única
ni vocear el júbilo,
sin aspavientos,
afirmada en lo hondo,
adentro,
amada siempre.

INORANCIA

Navegamos
per un escobiu ente ventanes
al debalu, ensin brúxula.

Entrúganos un neñu
y respondémos-y:
"La vida ye una cosa cosadiella,
vive y depréndeme".

[1969]

IGNORANCIA

Navegamos
por un desfiladero entre ventanas,
confundidos, sin brújula.

Un niño nos pregunta
y respondemos:
"La vida es adivina adivinanza,
vive y enséñame".

ORBAYU

Tou yera orbayu.

L'home xiblaba peles cais.

Tou yera orbayu.

L'home xiblaba y nun se faía entrugues:
diba.

Un home nel asfaltu pel camín nublu d'agua:
diba.

Foi dempués un xiblíu amenorgáu na niebla,
una nota ensin nome,
una borrina lloñe más escura.

Darréu tou yera orbayu,
grisores,
solo orbayu.

[1977]

LLOVIZNA

Era todo llovizna.

El hombre silbaba por las calles.

Era todo llovizna.

El hombre silbaba y no se hacía preguntas:
iba.

Un hombre en el asfalto por el camino de agua:
iba.

Fue después un silbido acallado en la niebla,
una nota sin nombre,
una neblina lejos más oscura.

Y era entonces llovizna,
grisalla,
solamente llovizna.

MOCIQUINES DEL BRANU

Quedríavos na tarde, mociquines del branu,
cuando malves y toxos vos enreden
na madexa xentil del arbolíu
y blincáis peles viesques escorriéndovos
y esmoleciendo los esguiles.

Tendría que llevavos nos mios güeyos
pa deprender a conocelo tou
y devanar vuestres mexelles
p'averame a la verdá más fonda.

Mociquines del branu,
col acidosu sabor de los arándanos
posáu nes vuestres boques,
quedríavos na tarde ente'l lloréu
y xustificaríamos la vida.

[1979]

MUCHACHAS DEL VERANO

Os amaría a la tarde, muchachas del verano,
cuando malvas y tojos os enredan
en la madeja amable de los bosques
y brincáis por las trochas persiguiéndoos
y desasosegando a las ardillas.

Tendría que llevaros en los ojos
para aprender a conocerlo todo
y devanar vuestras mejillas
para acercarme a la verdad más honda.

Muchachas del verano,
con el acidulado sabor de los arándanos
posado en vuestras bocas,
os amaría a la tarde entre el romero
y justificaríamos la vida.

LES TONAES DEL MIO GÜELU

A José Olalde

"Dicen los carros materos",
cantaba'l güelu. Y nun ta
pa oyelos rinchar de nuevo.

Cosiquines que se van
peles caleyes del tiempu:
el vieyu, el neñu, el rinchar

de los carros al pasar
cuando xubíen el puertu
embaecíos nel so sonar.

Tonaes del mio llugar:
"Dicen los carros materos".
Yá enxamás s'escaecerán,

mentanto canten n'Uviéu,
Xixón, Cangas o Boal,
les tonaes del mio güelu.

LAS TONADAS DE MI ABUELO

A José Olalde

"Dicen los carros materos",
cantó mi abuelo. Y no está
para oírlos chirriar de nuevo.

Sensaciones que se van
por las callejas del tiempo:
el viejo, el niño, el chirriar

de los carros al pasar
cuando subían al puerto
absortos en su sonar.

Tonadas de mi lugar:
"Dicen los carros materos".
Y jamás se olvidarán,

mientras canten en Oviedo,
Gijón, Cangas o Boal,
las tonadas de mi abuelo.

LAS MOIRAZAS

L'horru la casa,
embaxo'l camín
que lleva al prau La Poula
y a San Chuis.

Elles,
les señores del horru,
las moirazas,
enterraes en San Xustu,
en Madrid.

Y yo,
el trechu caberu de la so acordanza.

LAS *MOIRAZAS*

El hórreo de la casa,
debajo del camino
que lleva hacia el prado *La Poula*
y a *San Chuis.*

Ellas,
las señoras del hórreo,
las *moirazas*,
enterradas en San Justo,
en Madrid.

Y yo,
el trecho terminal de su memoria.

LA PRIMERA VEGADA

Xixón, sí:
La Cuesta'l Cholo, Corrida, La Ilesiona,
L'Institutu, Somió, La Llaboral,
El Molinón, Begoña, L'Atalaya,
El Musel, San Llorienzu...

Y ye dicir perpocu.

Pero, pa min, Xixón ye aquel domingu
y el rapacín llegáu de tierra adientru
que, dende Xovellanos, descubre'l mar al fondu
ensin creyelu cuasi,
el mar espeyando embaxo'l sol.

Xixón, de xuru, ye esi domingu d'aquel branu
per la esquina del Piles
y el rapacín que corre hacia les foles
prestándo-y como nunca igual.

LA PRIMERA VEZ

Gijón, sí:
La Cuesta del Cholo, Corrida, La Iglesiona,
El Instituto, Somió, La Laboral,
El Molinón, Begoña, La Atalaya,
El Musel, San Lorenzo...

Mas, para mí, Gijón fue aquel domingo
y el niño que venía de tierra adentro
y, desde Jovellanos, descubre el mar al fondo
sin creérselo casi,
el mar espejeando bajo el sol.

Gijón es siempre ese domingo de verano
por la esquina del Piles
y aquel niño corriendo hacia las olas
alborozado como nunca igual.

UN ESPACIU Y UN TIEMPU

Mientres duró la nueche
(aquella nueche)
o s'espardía l'arume del oriéganu
(aquel arume)
o l'escarabayu esguilaba pela llamera
(aquel escarabayu)
yeren exautamente un tiempu y un espaciu
emancipáu y propiu.

Y l'andarón,
y el neñu
que se baña na oriella solombría del Nora.

Escaecimientu solo.

UN ESPACIO Y UN TIEMPO

Mientras duró la noche
(aquella noche)
o se esparcía el aroma del orégano
(aquel aroma)
o el escarabajo trepaba por el olmo
(aquel escarabajo)
eran exactamente un tiempo y un espacio
emancipado y propio.

Y el vencejo,
y el niño
que se baña en la orilla sombreada del Nora.

Olvido únicamente.

NEL SUR DEL AZAHAR

Ensin prevelo,
nel sur del azahar
y la dama de nueche,
xunu paeció seronda.

S'enllenaron de buxu
los güeyos de los páxaros
y adientróse'l paisaxe na acordanza.

Agudu sentimientu
insurreutu
de brúxula.

EN EL SUR DEL AZAHAR

Sin prevenirlo,
en el sur del azahar
y la dama de noche,
junio pareció otoño.

Se inundaron de gris
los ojos de los pájaros
y se internó el paisaje en la memoria.

Agudo sentimiento
insumiso
de brújula.

CHUGARES / LLUGARES

Nesti poema debería haber castañales y llobos,
chobus meyor, y ouvechas, y papas de maíz con cheite,
y contapinus, y buelus, y filandón.

Mas esti poema ye pequeñu
p'amesturar tanta acordanza de Caldevicha y Pousada de Rengos,
memoria intrusa yá, ensin oxetu nin destín.

Toi lloñe agora y ellos nun tan.

LUGARES

En este poema debería haber castaños y lobos,
chobus/lobos mejor, y *ouvechas*/ovejas, y *papas*/papilla de maíz con *cheite*/leche,
y *contapinus*/cuentecillos, y *buelus*/abuelos, y filandón.

Aunque este poema es pequeño
para juntar tantos recuerdos de Caldevilla y Pousada de Rengos,
memoria intrusa ya, sin esperanza ni destino.

Ahora estoy lejos y ellos no están.

TENTACIÓN

A quién unviar la to risa
agora que ris,
a quién encomenda-y esi soníu
aliellu y apináu,

cavilgaba pa si'l murniu
y solu.

TENTACIÓN

A quién enviar tu risa
ahora que ríes,
a quién encomendarle ese sonido
feliz y bien colmado,

deliberaba para sí el triste
y solo.

L'AUTOBÚS

*Gran noticia. Llegaba l'*Alsa *procedente d'Uviéu*
y toles miraes converxíen na esquina de la plaza
onde tenía parada l'autobús.

Curiosos ya indiscretos, los rapacinos nos asitiábamos cerca
pa pescudar ensembre viaxeros y bagaxes.

Nunca atoparon mayor nin más devotu públicu les espovisaes
dilixencies del Far West.
Tinéu igualábase a Wichita o a Denver.

Corríamos dempués hasta l'antepechu sobre'l valle
*p'agüeyar cómo l'*Alsa *baxaba la cuesta que-y llevaba al Rodical*
y Cangas.

EL AUTOBÚS

Gran noticia. Llegaba el *Alsa* procedente de Oviedo
y todas las miradas convergían en el ángulo esquinado de la plaza
donde tenía parada el autobús.

Curiosos e indiscretos, los chiquillos nos acercábamos veloces
para examinar cumplidamente viajeros y bagajes.

Nunca encontraron mayor ni más devoto público las polvorientas
diligencias del Far West.
Tineo se igualaba a Wichita o a Denver.

Corríamos después hasta la balaustrada sobre el valle
para ver cómo el *Alsa* descendía la cuesta que lo llevaba al Rodical
y a Cangas.

MIRA QUE...

Nun taba previstu conocenos
aquel discretu meudía de xunu na Felguera,
nel intre de salir del Muséu de la Siderurxa.

Pero foi agüeyanos y entender que'l destín,
tres del esllumamientu,
yéranos propiciu y amestábanos.

Per un momentu daqué paeció cumplise
nesa axuntanza casual y afayadiza.

Llueu xubisti con él al coche ensin remediu,
colando hacia Llaviana,
y yo volví con ella pa Uviéu, mira que...

MIRA QUE...

No estaba previsto conocernos
aquel discreto mediodía de junio en La Felguera,
en el instante de salir del Museo de la Siderurgia.

Pero fue mirarnos y entender que el destino,
tras el deslumbramiento,
nos era propicio y nos unía.

Por un momento algo pareció cumplirse
en aquella avenencia casual y predispuesta.

Luego subiste con él al coche sin remedio,
marchando hacia Laviana,
y yo volví con ella para Oviedo, mira que...

MUXUPENA

Al empar que l'arboláu y les folgueres de Muxupena siguen agospiando a los arándanos
y el regueiro Ruicueva esbaria hacia'l Narcea nel saltu d'Agua Blanca,
caltengo'l neñu aquel de quien apenes algamo yá la so acordanza
y ye casi invisible nesa llonxana llende de l'ausencia,
anque él nun lu camienta y entretiense n'escoyer les mores más madures
mientres darréu vase adientrando nel so escaezu.

MUXUPENA

Al mismo tiempo que la arboleda y los helechos de Muxupena
siguen cobijando a los arándanos
y el reguero Ruicueva se precipita hacia el Narcea en la cascada
de Agua Blanca,
conservo el niño aquel de quien apenas guardo algún recuerdo
y casi no distingo en esa lejanía de la ausencia,
aunque él nada sospeche y se distraiga eligiendo las moras más maduras
mientras se va adentrando sin pausa en el olvido.

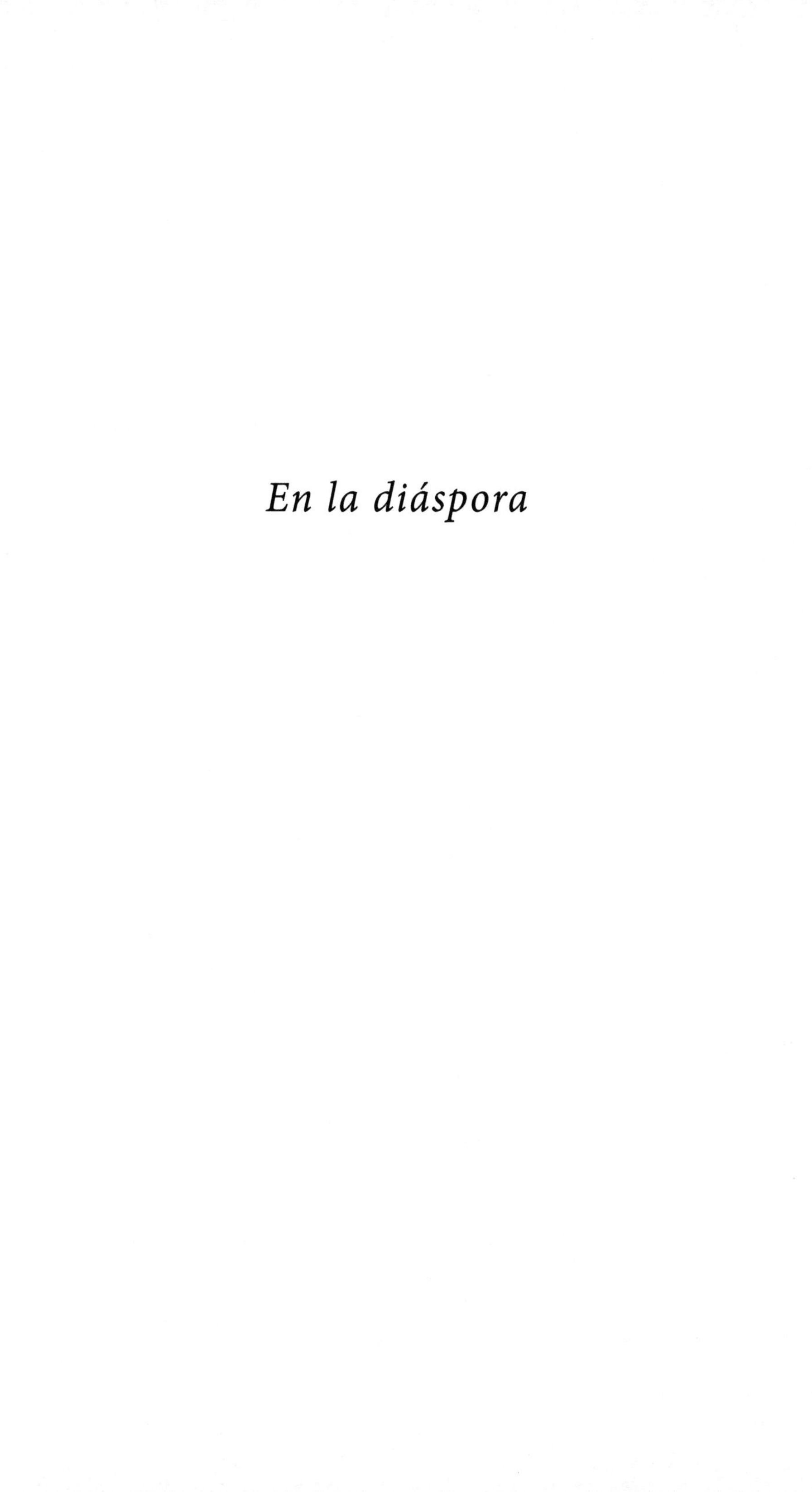

En la diáspora

CASTILLO DE CASTILLA

No verás mar, castillo de Castilla,
no escalarán tu cielo las gaviotas
ni atisbarás la estrella pulsante de los faros.

Solo el polvo cernido de las eras,
los pinos, la aspereza del barbecho, los ocres.
Pero jamás el mar,
jamás esa aventura lejana de los barcos
y el retumbar alzándose en espuma
estremeciendo el lienzo raído de tus muros.

Guerrero quebrantado,
cabalgas la llanura sobre el otero inmóvil,
debajo de los círculos letales de las águilas.

Siempre la dilatada presencia de los surcos
y el resollar del cierzo rebotando en tu torre.
Pero nunca el aroma salobre del oleaje
rompiendo en los escollos de los acantilados.

Y al norte, al sur, al este y al oeste, los mares
ponen cerco a Castilla, mientras tú te desplomas,
geometría ruinosa de ortigas y lagartos,
sin escuchar el bronco mugir de las sirenas,
varado en tu destino de osamenta y escombro.

DONDE EL POETA SE DIRIGE A LA MUSA SOBRE EL SOLAR CASTELLANO

Si me alcanzó tu voz, cómo ignorarla
debajo de la tarde interminable,
en la Castilla escueta donde habito,
lejos de mi paisaje más al norte.
Si anda un torrente tuyo irresistible
soliviantado el cauce de mi sangre
y no puedo acallar tanta presencia,
porque afuera es la tarde y eso es todo:
la inmutable llanada de los ocres
y la hinchazón estéril del otero.

Te reconozco en mí sin procurarlo
y no puedo aventarte hacia la tierra,
pues la pasión no prende en ningún surco
que no atestigüe el poeta en propia carne.
Y solo soy la espera y los momentos
donde se van gestando los renglones
de la tenaz historia entrelazada
en la que nos cumplimos fatalmente,
juntos los dos, frente a los recios campos,
bajo el arco extendido de la tarde.

Todo está destinado y reincidimos
con la sabia indolencia de los lúcidos,
aunque la duda incite a rebelarse
contra tanta inquietud desencantada
y ante la extraña vida que nos tiene
amarrados al tiempo y recluidos
tras esta piel, que siempre nos confina
en el espacio angosto del pronombre,
debajo de la tarde, sobre el ancho
solar de esta Castilla incontenible.

ESTAMPA

Árbol solo,
ensimismado en arduas
y extendidas planicies.

Imperturbable.

Arquetipo del sabio.

PASEO DE LA CASTELLANA

Camino por el Paseo de la Castellana
y me siento en los bancos
para entretener el tiempo
y contemplar el paso de la gente,
los vuelos y el brincar de los gorriones,
las palomas, el agitado tráfico
y el rumor incansable de esta ciudad
donde ocurre mi vida
y en la que espero
aquello que resuelva la fortuna
o el infortunio,
mientras camino
y me siento en los bancos, a la sombra
de las acacias y los plátanos,
en el Paseo de la Castellana.

NUEVOS MINISTERIOS, MADRID

Poder mirar
las altas copas de los pinos
y la paloma cobijada
sobre la rama oscura.

Mientras alrededor
transcurre,
callejea
estruendosa la vida.

Y aún no estar muerto.

EN LA CIUDAD SIN MAR

Otros dirán del mar.

Serán metáforas seguramente hermosas.

Mas yo me hallo despoblado de mar,
sin el fluctuante batir de las mareas,
tierra adentro,
distante de las brisas
y de los arenales de las playas,
alejado del arco que ciñe el horizonte.

El mar ignora,
el mar no sabe nada de sí mismo.
Él es olas y calmas y corrientes
y extensión y galernas.
No percibe su embate.
Se cumple en un destino de mar
sobrevenido. Inconsciente de ser,
se limita a existir
mientras ocurra.

Otros dirán del mar
lo que yo callo,
despojado de mar,
sin la nostalgia de los muelles oscuros
y las grúas y las siluetas de los barcos.

Ahora,
en la ciudad sin mar,
cuando la vista es un rumor de calle
y una ventana enfrente de edificios
con trazados simétricos
que apuntalan
el cielo iluminado de la noche.

EN LA RIBERA DEL MANZANARES

Me halló la muerte en la ribera del Manzanares.

¿Dónde tenerme
si no hay ribera oculta para la muerte?

Y en primavera
florecen las acacias de la ribera.

Río Manzanares,
cuando acude la muerte ya no hay pesares.

En la ribera
el aire lleva versos de mis poemas.

Y lleva besos,
los que entonces me dieras y que son nuestros.

Versos, al aire.
Flores, la primavera. Pesares, nadie.

Pues todo acaba,
en la ribera del Manzanares rendí jornada.

Índice

ORIXE / ORIGEN

EN LA DIÁSPORA

Esta obra
se acabó de imprimir
bajo los auspicios de
Charo Fierro y
Antonio J. Huerga, editores.

FINIS CORONAT OPUS